Carlos Pérez Torres

Horas de insomnio

Carlos Pérez Torres

Horas de insomnio

Colección
Dabisse Romero

Primera edición: diciembre 2024

ISBN: 979-13-990163-3-8
Depósito Legal: MA 418-2025

Impresión y encuadernación: Podiprint

Directora de la colección: Isabel Romero

© Carlos Pérez Torres, 2024
© Editorial Anáfora, 2024

Diseño y maquetación: Editorial Anáfora
Dibujo de Portada: Carlos Pérez Torres (basado en obras de Juan Gris y Benjamín Palencia)
Foto del autor: Dolors Lluy
Texto preliminar: José Infante
Logotipo Colección Dabisse Romero: Aguillen Art

Edita: Editorial Anáfora
www.editorialanafora.com
info@editorialanafora.com

A mi mujer, Quety,
dueña de mis ojos y responsable de mis ojeras.

PRELIMINAR

CARLOS PÉREZ TORRES ANTES DEL VERSO

Temblor provisional en la alegría
y paz definitiva en la mirada:
mi fe en la poesía.

Después de leer el nuevo libro de Carlos Pérez Torres (Málaga, 1958), *Horas de insomnio*, del que me dispongo a escribir esas palabras previas, puede afirmarse que sigue siendo fiel a esos versos con los que acababa su poema *Temblor*, del libro del mismo título, publicado en la colección Puerta del Mar, en el año 2000, cuando Carlos ya era autor de algunos otros títulos y tenía un merecido nombre en el mundo literario malagueño, y donde además ejercía la docencia en el mundo de la Filología, disciplina en la que se había licenciado en su especialidad inglesa.

Malagueño de familia artística, su padre fue el importante pintor de Puente Genil y malagueño de adopción, Enrique Pérez Almeda, que le dotó del sentido de la luz y el color, y su tío Antonio Almeda le había iniciado en el mundo literario, aconsejándole la lectura de los clásicos y de algunos de los nombres más importantes de sus contemporáneos, como Alfonso Canales, Manuel Alcántara, María Victoria Atencia y algunos nombres del grupo Cántico, como el propio Ricardo Molina, del que se sentía él mismo influenciado. Este círculo estético había formado no sólo sus gustos y aficiones, sino que acabaría fatalmente diseñando su vida personal y profesional.

Carlos Pérez Torres ha dedicado su vida entera a la docencia y a la escritura, no sólo de libros de poesía; también ha abordado con singular acierto la literatura infantil, el relato y la narrativa, sin dejar de ser el mayor entendido, defensor y cuidador de la obra de su padre, de la que fue comisario en la magnífica exposición antológica por el décimo aniversario de su muerte, que tuvo lugar en febrero de 2023, en las salas de Exposiciones de Benalmádena.

Lo primero que distingue la obra poética de Carlos es su vocación de clasicismo y su disciplina, igualmente clásica, en la organización de cada uno de sus libros desde *Memoria de la luz*, de 1992 hasta *Antología privada*, editado en Anáfora en 2019. E igualmente en los libros que ha publicado en los últimos meses, ya que su actividad literaria se ha tornado muy activa desde que abandonó la docencia.

Vocación que igualmente se materializa en este nuevo libro que ahora presentamos y en el que se manifiesta también un afán de minuciosidad y precisión de verdad peculiar, muy personal y de un gran calado, como muestran las propias palabras con las que me acompañó su original, cuando me lo envió, y que no me resisto a trascribir aquí:

"*Horas de insomnio* tiene cuatro bloques numerados, con un total de 38 poemas. Yo siempre he pensado que el aliento artístico puede anidar en cualquier poema bien facturado, sea cual sea su continente, y me parece estéril la controversia entre los partidarios de utilizar versos libres y los defensores de los versos sujetos a métrica y rima. Para intentar demostrar que en poesía ser excluyente no es un buen camino para nada, en mi libro el primer apartado incluye una serie en verso libre (11 poemas); el segundo (el que proporciona el título) incluye dos series en versos blancos (11 poemas): el tercero combina versos endecasílabos y heptasílabos (5 poemas); y el cuarto culmina el libro con una serie de 11 sonetos."

El soneto ha sido, a lo largo de la carrera poética del autor, una estrofa querida y ampliamente utilizada en muchos de sus libros, como demostró en su anterior entrega, que es una auto-antología, *Antología privada*, donde el soneto adquiere especial relevancia y se convierte prácticamente en la estrofa protagónica del libro.

Es confuso y muy complicado, a mi manera de ver —que en realidad no soy un teórico de la literatura, ni un crítico de la misma—, tratar de encuadrar la poética de Carlos Pérez Torres en ninguna escuela, tendencia, o generación de las que actualmente conviven en nuestro mundo literario. Este autor se aparta conscientemente de un mundo que, en líneas generales, está preñado de un extendido eclecticismo, donde conviven, y es bueno y saludable que así sea, las más diversas tendencias, desde un vanguardismo un tanto trasnochado, a esa auténtica invasión de ese fenómeno que podríamos llamar "poesía de las redes", uno de los mayores males que le han podido sobrevenir a la literatura, y en particular a la poesía. Y lo peor es que se haya convertido en una forma de ganar dinero y hasta se hayan creado importantes premios que los distinguen con glamurosos, millonarios y, espero, efímeros triunfos.

Situado en el abierto mundo del eclecticismo literario imperante (una vez superada la larga etapa de enfrentamientos entre poesía de la experiencia o de la diferencia, del silencio, de la poesía concreta y otra larga serie de tendencias duramente encontradas), la obra poética de nuestro autor se distingue por una vocación manifiestamente sostenida por su fidelidad a los metros clásicos y a los rigores de la métrica y la rima (de ahí su afinidad con el soneto).

Otra característica que distingue la obra de Carlos Pérez Torres es la fidelidad a un mundo personal que se ha ido construyendo a lo largo de su ya extensa bibliografía, que es también un ejemplo de independencia de cualquier tendencia o grupo de presión (que también los hay) en el a veces miserable y patético mundo literario español, en el que el entorno malagueño no escapa de mediocridades y miserias.

En ese mundo se encuadra esta nueva entrega poética del autor malagueño, *Horas de insomnio*, en la que pueden apreciarse todas las características de su obra: rigor, libertad creativa, independencia, imaginación, clasicismo, tamizado intimismo, y dosis muy medidas de sentimentalidad y verdad humana y literaria, sin olvidar la vocación y entrega a la absoluta libertad de la emoción y de la vocación clasicista, a la que ha sido fiel en su ya largo recorrido literario, en el que ha sabido cultivar tantos géneros, sin mezclar los mundos que cada uno de ellos demanda.

El nombre del libro tampoco es ajeno a su forma de creación, el insomnio, lo que equivale (los que lo sentimos podemos dar fe de ello) a silencio, a preparación, al ensimismamiento, a la tranquilidad, a la soledad creativa, a una especial actitud del espíritu para dejarse invadir por la verdad, que es, en definitiva, el auténtico motor de toda creación.

En todos los poemas de este libro se percibe esa actitud de entrega al misterio, a lo desconocido e invisible, lo que no significa que luego lo creado se someta al rigor, la minuciosidad y autocrítica para que lo escrito se convierta en la aspiración de todo creador, que lo conseguido pueda ser considerado una obra artística, lo que Carlos Pérez Torres consigue en sus poemas nuevos, que estoy seguro vendrán a constituir un eslabón brillante y renovador que añadir a su obra literaria.

Málaga, marzo 2024.
José Infante.

1.

*Un estado anterior a la página en blanco
son las fibras de hilo
que antes vistieron, desnudaron cuerpos.*

(María Victoria Atencia)

Desencuentro

A veces me sorprende tu envergadura,
tu instinto de fiera,
y saltas sobre mí,
tal un géiser o un resorte,
felina, agazapada como estabas,
al cruce de un gesto extraño,
con un brillo metálico en ti desconocido,
pronta como un descubrimiento súbito
que impusiera entre los dos
el aura arcana de un recelo mutuo,
distancia preventiva que enfría y separa.

A veces no reconozco
las sombras que te cubren o te ocultan,
un timbre que no es el tuyo;
no distingo la estela familiar de tu esqueleto,
el fantasma cotidiano
que de ordinario me ampara.
No percibo más que surcos
en la lisura de la convivencia,
la tizne que embadurna una rutina
de capas superpuestas a conciencia,
un mapa, un laberinto,
un triste escalofrío por las venas,
más manchas de humedad,
un moho sin control que invade el tuétano
al paso desbocado de una alarma
que anuncia, que amenaza,
que amaga con indicios de carcoma,
la podre que se asoma poco a poco.

A veces me da miedo el animal
que habita en tu subsuelo,
y corro a refugiarme en el silencio
como ausente de mí,
para imponerle un veto a las palabras
que pudieran amansarte,
un freno a las heridas hipotéticas,
la tregua al desencuentro momentáneo.

Mas todo cesa al fin, sin un motivo,
al soplo milimétrico de un paso,
sin una explicación, graciosamente,
sin jaques, sin enigmas.
La luz se recompone en tu figura
con sólo un parpadeo.
De pronto reaparecen los acordes,
las piezas que encajaban,
y vuelves a ser tú, la omnipresente,
el ancla y el timón de nuestro hábitat,
la musa, la inconsútil,
la llave y el motor de nuestra empresa,
y el aire se renueva sin esfuerzo,
y el ánima se puebla de hermosura,
y vuelven el contacto y las palabras,
la médula espinal, ay,
de tu misterio.

Acuse de recibo

Que nadie se sorprenda
si a la postre el fulgor de lo evocado
busca refugio y acomodo
en las últimas rendijas de la tarde.
No es extraña esta costumbre
de perderse adrede en sórdidas meditaciones
para ir dejando un poso indefinido,
como la intuición de alguna herida futura,
algo que serpea o fluctúa
entre los pliegues de la conciencia
y que marcará a fuego,
en un aldabonazo con acuse de recibo,
el marbete íntimo de la duda.

Ideas como dagas punzantes,
sedimentos tóxicos;
palabras como puntos de sutura,
inestables remedios.

Que nadie me diga

que basta el solaz, la brisa fresca de un desfogue físico,

el sueño reparador que con fruición persigo.

No es fácil cuando los ecos del silencio

te apuntan con el dedo,

y ante un etéreo paisaje de omisiones y reproches,

de nuevo, indefectiblemente,

tu corazón se da por aludido.

Insospechada plenitud

Cuando ya la intimidad se hizo costumbre
y acuerdo entre nosotros,
me descubrieron tus labios un lenguaje nuevo
con el que descifrar una insospechada plenitud,
sintonizamos en la frecuencia justa
para mantener el equilibrio mutuo y evitar caídas.
Funámbulo por ti,
me supe fuerte cada vez que tus manos
a las mías se acercaban
cuando las sombras se hacían densas
y la oscuridad pesaba como una montaña.
Me acunaron tus palabras, esas mismas palabras
de cuyas enlazadas sílabas fue surgiendo
una música ignota, atrayente,
que me interpelaba con su efecto llamada
igual que un eco, un estribillo.

Fuiste una guía minúscula, modesta,
pero capaz de amansar tempestades,
resolver dudas de primer orden,
despejar incógnitas de segundo grado
y sanar quemaduras de tercero.
Con tu callada forma de estar,
viniste a mí cuando fue preciso,
rebelde frente a los peligros,
resuelta pese a todo,
desoyendo las llamadas telúricas
de tu naturaleza más recóndita.

Rotundamente, sí. Me salvaron tus labios, tus palabras,
porque hicieron que mi corazón,
en su grandiosa pequeñez,
recobrara pulso
y volviera a sentirse hoja perenne
en la inmensidad de un bosque.

Desasosiego

No el atisbo de utilidad práctica
que impregna con frecuencia
los esquemas, los consejos, las empresas;
no la estudiada dejadez con que abandono
una esporádica incursión en el *establishment*;
no mi insistencia en recaer
ignorando cualquier síntoma evidente.
Es mi proclividad al desasosiego imprevisible
lo que hace que, una y otra vez,
me empeñe yo en vivir con mala praxis,
sintiéndome a trasmano y sin objeto.

Si me acompañas tú, ya no es errático
el rumbo que trazamos por el aire
con la complicidad del calendario nuestro,
tan rico en excepciones,
tan parco en subrayados.
Nadando entre actitudes y palabras,
busco lo que no encuentro,
pero al cabo de cada intento quedan rastros,
y es más que suficiente.
Tú eres testigo de esta denodada lucha,
y entiendes, y transiges.
Aunque no me digas nada,
percibo tu inagotable apoyo,
la remontada cumbre adonde subo,
la fábrica de luz de donde caigo.

Contigo el silencio

Contigo el silencio no es trampa ni frontera,

desprecia la etiqueta de los filtros,

hundiéndose en las simas de la estancia,

fundiendo transparencia y regocijo,

y vence, rotundo,

en la lucha sin palabras contra el tedio compartido.

En ti está el epicentro sin riesgo

del temblor que me recorre,

remueve las savias del pozo mineral

que nos identifica como piezas

de una misma maquinaria,

mundo en reposo.

Contigo el silencio vibra en mis arterias,
se cuela entre las vísceras
que me constituyen,
culebrea entre las fibras que, inevitablemente,
rehúyen la quietud y el sopor.

No quiero yo palabras como un timbre,
hirientes como un gong, no necesito
sonidos que importunen la redondez del aire,
interferencias prosaicas,
brechas en los parámetros de la tarde.
No hacen falta coartadas ni pretextos,
cesiones ni argumentos;
contigo el silencio se ocupa de todo,
y ya el fuego no quema,
ni el agua moja,
ni los minutos avanzan.

Y de pronto un ruido,
un golpe de tos, algo que cae,
el eco de algún paso, un estornudo,
sordina de un ladrido callejero,
y sales de tu trance y me descubres,
plantado frente a ti,
tan pasmarote,
y vuelven las sonrisas, las preguntas,
y finjo que no estaba tan pendiente,
que no era sino pose virtual,
postura aleatoria, momento anodino.

Contigo el silencio es misterioso
y tu regreso es otro hallazgo.
Habrá que terminar este poema.
No quiero frases hechas para esto.

Tu abrazo

Como una tenia irregular, dentro de mí,
aclimatándose a mis vísceras
con su tejido impostor que me suplanta poco a poco
y gana, con mi inacción, confianza y sitio;
como el núcleo de algún magma incandescente
revolviéndose en mi centro
con fulgor de llama;
como la semilla enorme y dura
oculta en el corazón del aguacate;
así tu abrazo cuando te insinúas,
sinuosa y femenina,
artera y animal en la postura,
encendida en mineral aditamento,
frutal en regurgitación intensa.

Cuando me acerco hasta tu piel
tú ya estás dentro, a salvo en tu guarida,
moviéndome a placer,
control remoto,
y el contacto eventual, de imán y noche,
no hace sino confirmar lo ya asumido,
el plan de tu estrategia más secreta,
la física a demanda,
la química en espera.
Yo me doblego a ti,
a ti me ofrezco con mística
de unión y ceremonia,
y todo cesa o calla,
y el mundo alrededor se ralentiza
hasta que, horas después,
el alba nos sorprende y me avergüenza,
combado en un ovillo de ternura.

Batuta imaginaria

La noche va tejiendo sus tapices
frente a mi silencio trabajoso,
y tú, ajena a todo, posada en otro mundo,
detienes el circuito con los baches
de tu respiración.
Tú, poderosa víctima,
latidos en barbecho, inerme, horizontal,
ofrecido el cuerpo,
abiertos los poros como antenas,
cerradas las compuertas de pestañas,
resistes al marcaje en corto
de mis ojos, reincidente.

Hoy, como novedad, y amparado en la penumbra,
con sólo un trazo, dubitativo y continuo,
dibujo tu perfil como a hurtadillas,
recorriendo los contornos
de tu rostro majestuoso
con el pincel de mi índice derecho.
Y pienso que es absurdo
mover así las manos, inútil
la batuta imaginaria
que dirige, como en magia,
el sinfónico desconcierto de sonidos
que escapan de tus labios por su cuenta,
a veces, de hito en hito,
como un sueño
que sale inadvertidamente al aire,
garantes de energía en la trastienda,
un filtro de agua clara en el subsuelo.

La noche va tejiendo sus tapices;
tu cuerpo, abandonado entre las sábanas;
mi dedo, dibujando tus contornos.

Inflamada rebeldía

Me vienes indignada,
quejumbrosa, solidaria,
concienciada con la lucha, la igualdad,
las protestas en la calle…,
y me encuentras encerrado en mi cubil,
ensimismado, pero no por ello ausente
de tarea indagatoria,
ni de examen de conciencia, ni otra lucha
entre las cejas.

Tú me cuentas aspavientos

con encaje en los detalles,

porcentajes y casuística.

Yo comprendo que hay momentos

de inflamada rebeldía,

y me fijo en un visaje, o en un tic, en una mueca.

Me transmites tu argumento, tu énfasis,

y yo acepto de buen grado

tu acelero apasionado,

y por eso me contagio, orillando mi bolígrafo,

y me sumo a tu demanda,

y te abrazo, y te pregunto

por latidos, una estela, algún destello.

Conviene guardar las mayúsculas —libertad, justicia—

para las grandes palabras.

Guardemos, pues, la poesía

para las cosas pequeñas.

Brisa y vendaval

De joven, una brisa

en la piel, y muchos más colores

y texturas en el zócalo

construido a base de momentos.

Vivir era arriesgarse y sorprenderse,

barajar experiencias,

hacer colección de afectos

sin conciencia de pretérito,

crecer en un milagro.

La intensidad de entonces, legendaria,

con rúbrica y consecuencias

de imán, de talismán,

la música del aire en cada jornada,

la fuerza y la inocencia,

la limpieza en la mirada,

teselas fueron de un mosaico valioso

que fue constituyéndose en mis células.

Ahora, un vendaval
ha desnudado todas las peripecias
y arrasa sin piedad mi biografía.
Se lleva los detalles, las vicisitudes,
me deja a pie de tren
y sin billete,
destruye archivos
y borra mi usuario y contraseña;
me abandona, de madrugada,
en un páramo sin abrigo
y me obliga, en fin, en drástica revolución,
a reducir mi santoral
a la mínima expresión:
los báculos de apoyo en la palabra
y abono de tu amor,
la tierra firme.

Vivir contigo

Vivir contigo sin registro de tránsito alguno,

compartir destino en la inconsciencia,

dejarse ir sin saber nada concreto,

más allá de intuiciones o sospechas;

tener apenas un rumbo

y apreciar la belleza en los errores;

cambiar el paso si hace falta,

y si no, no hacerlo adrede,

huir de un día a día sin sustancia,

creando un porvenir de emblemas indelebles,

fuera los excesos, contra la impaciencia,

lejos de la demasía.

Vivir contigo. Esa es la esencia.

Sin ti soy víctima del desapego,

pasto del fuego,

un ojo de huracán, un remolino,

las briznas de un arbusto en un tornado;

no soy más que materia oscura,

el magma oculto al fondo de un cráter,

un tosco mineral perdido en un filón;

y tú, mi equilibrista,

minera de la luz,

siempre pagas mi rescate

con la bolsa y la vida llenas de un vacío que importa,

una nada que lo ocupa todo.

Ay, sí. Vivir contigo.

Cambiar el paso.

Fuera los excesos.

Lejos de la demasía.

Noche de ronda

Me ronda una idea
en cualquier circunstancia, en todo momento,
con cada segmento de tiempo que media
entre un segundo y otro;
seguramente sin motivos ni coartadas,
a cada paso me ronda una idea.

Escribiendo, cantando, colocando los platos,
leyendo novelas, columnas, anuncios,
me ronda una idea;
escuchando música, pasando la mopa,
regando las plantas, abriendo el correo,
me ronda una idea;
haciendo la cama, almorzando,
paseando, afeitándome,
me ronda una idea;
mirando una serie, sentado en el baño,
metido en la ducha, contigo en la cama,
me ronda una idea.

No puedo atraparla,
expresarla cabalmente. Se escapa,
se escurre, se pierde. Cualquier menudencia,
como en un truco de magia,
la hace desaparecer.
Pero es algo momentáneo, y ella siempre regresa,
juguetona, conocedora de mis límites y obsesiones,
y me incita, me envenena, me seduce.

Al final, mi idea se afirma en su pedestal,
lejos de la mera contingencia;
es ella la que permanece,
la que muestra voluntad y dominio,
y yo soy su instrumento;
soy yo quien la ronda a ella
—hoy lo he visto claro—,
quien la cerca y la acosa,
quien la sueña. A cada hora
y aun en cada hora extra,
como en este instante preciso,
con el pensamiento en ebullición
y los ojos de par en par
en mitad de la madrugada.

2.

Y todo vuelve a ser igual que entonces,
cuando tu llegada
no era el final del sueño,
sino su deslumbrante epifanía.

(Ángel González)

Horas de insomnio

I

Sentado en una esquina azul del tiempo,
sobrado más de aliento que de impulso,
me pongo a descifrar la madrugada
sin ancla ni intuición, con versos sólo.
Cansada, me acompaña en el viaje
la aguja de un imán sin luz ni fuerza
que apenas va estrenando una nostalgia
de brújula, de incógnita inmadura.
Naufrago entre las olas del recuerdo;
me traga un remolino de episodios
que en vano van formando, así, inconexos
—tapiz sin hilazón vacío y hueco—,
las cuentas de un rosario que sorprende
por duro y vocativo, irreverente,
anclado en la memoria de las cosas,
envés de los espejos, isla de agua.
No aprendo de mi propia inconsistencia,
no sirve la indulgencia que me ofrecen
versiones anteriores de mí mismo,
la música incompleta de mi historia,
los ecos que descubro y que me escondo.

Las horas cruzarás tú por el sueño
y el alba irá al encuentro de tu embozo,
tu voz —radio reloj, las siete y veinte—
llamándome a tu lado sin sospechas.
Y yo nada diré del lento escáner
sujeto a revisión ante unas páginas
de oscura introspección, la letanía
que asalta con frecuencia mis silencios.
A cambio, ante el café del desayuno,
retazos dejaré sin más sustancia
que, al cabo, el recibí de tu sonrisa.
Y tú repasarás —zumo y tostadas—
programa, esquema, agenda, acción, proyectos,
intenso orden del día, adivinanzas.

Tu mundo, anticipando los minutos,
el mío —soliloquio, sombra y noche—
con gracia aplazará por unas horas;
tu estela de caminos y certezas
la mía limpiará de angustia y dudas.
Y tú no notarás ningún contraste,
ni asomo de omisión, ningún conflicto;
de seda la bandera de tu imagen
al viento ondeará sin estridencias;
de niebla el equipaje a mis espaldas
en ti disipará sus inquietudes.

De vuelta de una esquina azul del tiempo,
cercado por relojes inminentes
—los dígitos marcando siete-quince—,
tu magia hará olvidar mis malas noches
con solo pronunciar un "buenos días".

II

Tendido junto a un témpano de hielo,

a mí, que soy culpable subsidiario

y artífice de un duelo reincidente,

testigo del reposo en mi vigilia,

me asaltan las aristas y los ecos,

indicios de un tumor de madrugada.

Un flujo de tristeza por mis venas

se instala con sigilo y va pidiendo

licencias de primera ocupación,

los síntomas de mi íntima derrota.

Se escancia el subterfugio de las penas

y todas se amontonan y confunden,

derraman la eclosión de su mutismo

y en sombra de años-luz no contradicen

las cláusulas que marca la distancia.

Te mueves tú de pronto, levemente,
seísmo de intención minimalista,
y es como un alegato en mi defensa
que resta munición en la batalla.
Con tu respiración yo encuentro versos,
sonidos que acompasan en tu pecho
secuencias de oleaje transparente,
la luz que poblará futuras páginas
si hay suerte y un hallazgo de memoria
me deja traducir entre palabras
de sórdidas imágenes tu sueño.

Despegan con rubor pestañas, labios,
a un ritmo de legañas y bostezos,
y el témpano se funde entre los pliegues,
creando así un océano de sábanas.
En fin, se va filtrando la mañana:
rendijas de conciencia y certidumbre
que ponen en acción miradas, músculos,
y en órbita en el tiempo y el espacio,
satélite de ti, me encuentran sitio.

III

En bata, a contraluz, de madrugada,
fumando en la terraza me sorprenden
los brillos que bordean las aceras,
amagos de llovizna repentina.
El humo se hace amigo del silencio
mezclándose en el vaho de mi aliento.
Peligra el cenicero en la baranda,
precario en su equilibrio inconsistente,
y así peligro yo con la intemperie,
hermético en mi mundo de imposturas.
Se inician con un cambio de semáforo
mis pasos sigilosos hacia el baño,
y encuentro un enemigo en el espejo,
el tiempo de experiencia que del rostro
nos deja en la expresión huellas visibles
con signos que nos nublan la mirada:
los surcos de la frente, anticipando
la zona de influencia de las gafas;
las canas de las cejas, más rebeldes;
el círculo del iris, más difuso;
más nítido el azul de las ojeras.

Los ciclos del reloj nunca descansan,
el rígido vaivén del minutero
que sabe de ilusiones y renuncias,
entiende de proyectos y fracasos
e ignora el aluvión de inconvenientes
que alteran mi rutina y mi albedrío.

Ajeno, en la quietud del dormitorio
—alcanzo en sombra el quicio de la puerta—
renueva el maratón del subconsciente
tu clásica función de cada noche,
y duermes con pulsión improvisada,
ligera, intermitente, irresistible,
promesa de aventura o pesadilla,
y admiro en ti la estética del sueño.
Me fijo en tu perfil y en tu figura,
recorro mentalmente tu silueta
y luego la imagino en vertical,
en dos horas tal vez, bajo la ducha,
y entonces me avergüenzo de mí mismo,
ensayo de alma, cuerpo y circunstancia.

El alma desatada es un mosaico
con piezas de ensamblaje y de desguace,
y el cuerpo desarmado es un revólver
con muescas de erosión en la culata
y duda o tentación en el gatillo.

IV

Parece que hoy las horas pasan lentas,
incluso pareciera que no avanzan,
cautivas del cursor en la pantalla.

Los ojos de la niña son los tuyos;
el pelo y la nariz van de mi parte;
los cambios del carácter, quién lo sabe.
Anclada su mirada al objetivo,
en ésta tiene el aire de tu boca,
la línea sinuosa de tus labios,
el trazo que disfraza en comisura
el gesto, icono, imán de tu sonrisa.
Tu rostro era un anuncio —qué curioso—,
el *trailer* de un futuro compartido.
Y ahora queda claro; a estas alturas,
ahora que el vivir se nos dispersa,
se escapa como arena entre los dedos,
no sé si ella percibe hasta qué punto,
consciente apenas yo de su inconsciencia.

En ésta hay un momento de festejo,
un punto en el espacio de oro puro,
las caras de los cuatro, un sortilegio.
¡Qué celdas, las imágenes! ¡Qué cárceles!
No vale ya la luz de aquel instante,
el poso anejo al gusto del sustrato
que deja en mí el buqué de un gran reserva.
Recuerdo con fervor aquel vïaje,
los brindis, la ilusión, la chimenea,
carreras de lagartos entre piedras,
las pozas de agua quieta y cristalina,
queriendo, al cielorraso de la noche,
crear constelaciones imposibles;
el bosque al sur, jugando al escondite,
guiñando luego el ojo al asesino,
farol en las apuestas con garbanzos,
las prendas de alegría y de inocencia.

En ésta hay un disparo por la espalda,
un filtro de inacción, desprevenida
te quise capturar, el pensamiento
buscando sin rubor puntos de fuga,
parado entre la bruma y el silencio.
Renuevas el mohín con que volviste
la cara cada vez que te sorprendo,
collage de situaciones imprevistas,
tapiz de interjecciones y horizontes.
Podrías, del revés, si aparecieras,
de pronto provocar en mí lo mismo;
si al punto te asomaras por la puerta,
tan caro tu perfil de madrugada;
testar mi reacción sin previo aviso,
sumarte como guía en la visita
uniendo el ingrediente del sonido,
palabras, comentarios, tal vez risas.
Y luego, en el final, negra pantalla,
tomarme de la mano, ir de regreso
al lecho, a la juntura de los cuerpos.

Parece que hoy las horas pasan lentas.

La ayuda del insomnio me permite

perderme en mi interior, mirando fotos.

V

Es menester que el sabotaje cese,

esta vigilia pertinaz, el trance

de trágico silencio al sur del techo,

gustoso de apurar todos los límites.

Trascendental es superar la apuesta

cruzada con las horas sucesivas,

y darle voz al bienestar del cuerpo,

estatua de mudez y de impotencia.

¿Que se derrumban las horas? Tú, ajena.

¿Que podrían caer rayos? Tú, muelle.

La noche pesa; no pesan mis párpados,

y mis pestañas no se quedan juntas.

Mañanas llegarán, una tras otra;

mis versos sumarán melancolía

y el cuerpo, gris, archivará el cansancio.

Es bueno verte así, de todas formas,
tenerte junto a mí, tumbada y dúctil,
pasiva e impasible, una emisora
de ritmos inconcretos y rumores,
febril inspiración, bálsamo y musa,
milagro horizontal, falla tectónica.
Lo malo es que al café del desayuno
me da pudor leerte estas palabras,
y en cambio tú, directa y sin complejos,
dirás que mis ojeras y mis canas
me otorgan un aspecto interesante
—galán maduro y sabio, abuelo joven—
y un beso cubrirá todas las zanjas.
Con todo, lo repito y lo subrayo:
es menester que el sabotaje cese,
trascendental es superar la apuesta.

VI

He vuelto a sucumbir a la deriva
de exilios familiares a deshora,
sintiendo las gestiones aplazadas
haciéndome runrún en la cabeza.
He vuelto, y ha dejado nuevamente
la forma de mi peso en la almohada
su cóncava función de testimonio
en prueba irrefutable de fracaso,
de contraindicación de valeriana,
paisaje de aridez y de cansancio.
El lapso de quietud de algunas noches
—efímero paréntesis de chándal—
fue fruto ocasional del ejercicio;
la dosis de ansiedad que me domina
regresa a mis sistemas y a mi pulso,
a la circulación de mis arterias.

Me dices que, a este paso, el mes que viene,
el otro a más tardar, ya habré acabado
el párrafo final de mis memorias.
Te burlas, y yo envidio la armonía
que cuida del balance de tus ciclos
haciendo lo que toca en día y noche,
en calma y en tensión, comedia o drama.
Darías lo que fuera, me aseguras,
por que yo te leyera mis apuntes,
reflejo de tan grises madrugadas
a golpes de adicción a tinta negra,
violenta introspección, tranquila huella,
pasión y sobredosis reflexiva.

Te oculto la sustancia de estas líneas;
mejor no revelar que no es novela,
columnas de opinión, teatro, ensayo;
mejor sentirte estar, dejarte un margen,
oír cerca de mí tu voz, tu esencia,
quemar a fuego lento nuestras vidas
dejando la ceniza en los poemas.

Tardes de espera

I

No hay nadie como tú ante mi letargo
con margen para detectarlo a tiempo
tan fuera de intención, servido en frío.
Actriz distante, tú; sé que ninguna
sabrá orillar abrazos en paréntesis
ni hacer de la ocasión víspera inútil.
Estás bien lejos hoy, perdida en risas,
a tiro de promesas, guiños varios,
en fosos sin escudos ni murallas.
Y aquí, en otra contienda solitaria,
a golpes de Jack Daniels y Albinoni,
te espera este fantasma sin cadenas
con versos de bic negro y cicatrices.

La luz tramonta ya, y es que hace un rato
que todo el sábado cayó en mi vaso.
El hielo, poco a poco, al derretirse,
arrastra certidumbres y discute
la límpida fonética del nombre
que afluye nuevamente hasta mis labios.
Acuso tal desorden de fulgores
que acercan el ocaso a mi ventana,
y noto la muñeca pegajosa
del clásico reloj, hoy daliniano,
que clava sus agujas digitales
al légamo marrón de la impaciencia.

A punto de cambiar cedé y postura,
resuenan como un triunfo —una derrota—
tus llaves en la puerta y tu saludo,
y, al borde del brocal de un drama oculto,
me abrazo a tu llegada como un náufrago.

II

Tan presa y abismada en tus asuntos,

sumida en tus gestiones y proyectos,

nerviosa, en los espacios ordinarios

movías tu perfil, figura ausente,

como por una jaula improvisada,

sin reparar en mí; ningún cuidado

prestabas, ni atención ni compromiso,

sujeta a la inquietud del abandono,

buscando un parapeto de silencio.

En cambio, el seguimiento de mis órbitas

esclavo de tus pasos se volvía,

cerrando en el circuito los registros

de circunvoluciones y de escorzos

con cada movimiento, en cada ciclo.

Con terca obstinación tú, sin embargo,

negabas reacción a mis preguntas,

altiva, reincidente en la ignorancia

de un ámbito de apoyo o de consuelo.

Y al fin, tiempo después —quién sabe cuánto—,
de súbito, en un tris, volvió tu rostro
su química hacia mí cuando en los labios
un gesto insinuó tu comisura
mezclándose en las ondas con mi nombre,
feliz nombre de guerra, *nick* privado.
Buscaba en firme yo tal recompensa,
la guinda de un mohín que acompañara
el son de apelativo cariñoso
capaz de regresarme al territorio
que asigna un interés común al aire
y alfombra siempre el suelo que pisamos.
Y es que era aquello, aquello y no otra cosa,
el símbolo que estuve yo esperando,
con lánguida ansiedad, toda la tarde.

Tranquilo ya después, ensimismado,
ya pude yo abismarme en mis asuntos
y, en fin, parapetarme en el silencio.

III

Me miro las manos. Siento el alivio,
el lujo de tenerlas para todo,
materia e instrumento imprescindible.
Las dejo reposar por un momento
del íntimo trajín que las asalta,
labores que casi nadie registra.
Me fijo en los detalles, las arrugas,
las manchas en la piel, los vellos, poros,
el límite del puño en los nudillos,
la sangre con sus ríos y aflüentes
cruzando por el tenedor de huesos;
la curva de las uñas bien cortadas,
la artrosis y su huella en las falanges,
el índice en la zurda ya a su aire.

Las giro y articulo un movimiento
sutil, como de ensayo o de terapia;
observo el laberinto de las palmas,
las líneas de la vida o de la muerte,
espías, mensajeras, acusicas,
oráculo de estancias y de adioses,
la gracia de un lunar en el pulpejo.

Sé el modo en que palpitan si señalan,
y vibran cuando exploran o acarician
el mapa de accidentes de tu cuerpo.
Tan cómplices de mí si a ti te escriben,
que muchas veces a ellas les pregunto
tus ansias, tus anhelos, tus afanes,
y luego dejan marcas, pistas, rastros,
poemas en un *post-it* o en un folio,
efímeros mensajes tras la ducha,
pantallas con cristal y contraseña.

Por ahora siguen ahí, tan obedientes,
tan quietas y por fin protagonistas,
autónomas y audaces terminales,
gentiles, poderosas, bailarinas,
un cónclave de dedos y tendones
capaces de abarcar el infinito.
Las dejo descansar, vivir la pausa,
moverse asimilando la sorpresa;
les pido abandonar su anonimato,
que sientan esta vez retroalimento
y escriban, por qué no, sobre ellas mismas.

IV

La luz de la ventana en la cocina
me lleva sin chistar hasta el rescate
de un trance familiar en un museo,
memorias de naturaleza viva.
"Sin flash sí se permiten", dijo el hombre
con cara de uniforme y de rutina,
y un clic fijó sonrisas junto al marco,
y el ángulo cubista del instante
cedió sus elementos al análisis:
botellas y fruteros y guitarras...

Nosotros dos, pensando en nuestras cosas;
las niñas, descifrando cada cuadro
ajenas a la urgencia de la historia;
la pátina del tiempo me devuelve
un gris cortometraje del pasado,
sin más necesidad —ningún motivo
que ablande así las fibras del recuerdo—
que el triste bodegón que ha improvisado
la luz de la ventana en la cocina.

V

Silencio y paz en tarde de domingo.

Sentado y protegido bajo el toldo

sumerjo en el sopor mis pensamientos,

que vagan sin secuencias ni porqués.

Un vaso de cerveza me contempla,

y enfrente asoma el mástil de un velero.

Vecino, el macetón de los jazmines

aporta su ración de impresionismo.

Posada en el alero, una gaviota

me mira sin graznidos, de soslayo,

queriendo respetar mi mansedumbre.

En línea diagonal, las letras grandes

y verdes del hotel en lontananza.

Debajo, ya la pista habrá olvidado

mis últimas hazañas en la red

y apunta hacia las piedras del camino,

que inician su trayecto hasta la verja,

y todo predispone a la modorra,

calmosa la quietud a la intemperie.

De pronto, un accidente en la avenida;
alarma y muchedumbre arracimada.
Ya noto que se cierra este capítulo,
y en estas, para colmo, suena el timbre.

3.

Y ves que los renglones se estrechan,
las letras se amontonan
y comprendes el hueco imposible.

(Javier Egea)

Estética del gozo

Da gusto estar contigo si hace bueno,
ser cómplice de amor, voz en tu coro,
comparsa en tu rincón, letra pequeña,
feliz de un modo u otro.

Mi nada y tu universo van, por turnos,
buscando en los espejos acomodo
por ver si alguna vez fueran capaces
de reflejarse en todo.

Mecánica del alma vislumbrada
en cada ligamento, en cada poro;
tejidos que del cuerpo van filtrando
un sedimento hermoso.

Moléculas, materia microscópica,
ropajes sin doblez y sin embozo;
el lujo de vivir, la luz, la enseña,
la estética del gozo.

Sin nada que ocultar, ningún recelo;
sin sombras de inquietud ni de desdoro;
ajena a toda insinuación que deje
resaca o mar de fondo.

Dos piezas, tu sonrisa y mi mirada,
sumadas en el puzle del "nosotros",
luciendo denominación de origen:
tus labios y mis ojos.

Dos habitaciones

Palabras vivas llevo aquí en el puño,
derechas a sus jaulas de renglones;
las siento iluminadas por estrellas,
entre constelaciones;

las oigo palpitar en el sigilo
o huyendo desbocadas, al galope;
me retan a jugar al escondite
en medio de la noche.

De caza ya el instinto se despierta,
y al paso amortiguado entre algodones
se inicia este safari gris de sílabas,
secretos, signos, voces.

Me instalo al fin, tabique de por medio,
pantallas, teclas, dedos receptores
buscando en la emisora de tu cuerpo
mejores conexiones.

Tu pulso es el que marca la cadencia,
las ondas, la frecuencia que conocen
mis huesos de memoria, sí, mis músculos,
mis articulaciones.

La ruta del estudio al dormitorio
de nuevo el subconsciente la recorre.
Dos almas que se acoplan, se separan
en dos habitaciones.

Dialéctica invisible

Las horas de reloj en todo el día
se visten de estrategia improvisada;
parece un simulacro de ajedrez:
un rey frente a su dama.

Colocas tu reproche en la apertura
luchando por el centro con las blancas;
mi táctica es prudente en la defensa,
sin descuidar la guardia.

Dialéctica invisible con las réplicas
que forja un metaverso de palabras;
tablero y convivencia son sinónimos,
metáforas cruzadas.

Tus gestos, mi expresión, tus reacciones…,
un código de amables suspicacias
que anuncia entre los dos signos de lucha
de nuevo esta mañana.

En jaque puesto yo, me cubro apenas;
y tú, en tus resistencias enrocada.
Acecha el medio juego de la tarde
tendiendo su celada.

La paz que abraza el cuerpo de la noche
da tregua a la fricción de madrugada,
y al alba, temeroso de perderla,
al fin te ofrezco tablas.

Pasión, abismo y desmayo

El pulso y la saliva, sin palabras,
inician lentamente el recorrido,
los labios de dos bocas que por turnos
reencuentran su camino.

Tan cómplices la entrega como el morbo,
tan deudos de un pasado y un destino,
el tiempo de fusión de los dos cuerpos
va haciéndose efectivo.

El rastro de mi lengua por tus pechos,
sintiendo desde el cuello tus latidos,
presagia convulsiones y temblores,
secretos cataclismos.

Rayando la meseta de mi espalda,
la tarde de persiana y luz, visillo,
se rompe, horizontal, cuando descubre
la curva de tu ombligo.

De pronto, se trastocan las posturas,
el eje norte-sur despliega un giro,
el roce adquiere nuevas sensaciones,
tu rostro gana en brillo.

Pasión, cabalgadura desbocada,
dibujo en tu perfil de un nuevo estilo
sentándose a horcajadas de algún sueño
con eco de gemidos.

Embates, invasión, montaña rusa,
brutal delicadeza de tiovivo,
cosquillas amorosas en la noria,
liturgia en el abismo.

La calma llega al fin, se hace el silencio.
Después de la explosión, todo tranquilo;
el tiempo, detenido en los relojes,
como único testigo.

La urgente lencería besa el suelo
y dicta su inocente veredicto.
Su turno esperan ya las zapatillas,
a un paso del delito.

Los gestos recuperan expresiones,
palabras y murallas, más vestidos.
Y el mundo vuelve en sí tras un desmayo
tan mágico y sencillo…

La fábrica de anverso y de reverso
se pone en marcha, engrasa el mecanismo.
Mi inercia y tu motor se sincronizan
y van a un mismo ritmo.

Te miro al rato. Obtengo una sonrisa.
Recobra todo ya nuevo sentido.
Parece que el momento es transitorio,
pero es definitivo.

Sin cuenta nueva

Me asusta que un adiós, sin previo aviso,
pusiera entre los dos una frontera
y fuera ya insalvable la distancia:
borrón sin cuenta nueva.

Me enoja tan siquiera imaginarlo.
Empiezo en una imagen pasajera
y acabo entretejiendo una maraña
que no se desenreda.

Me aturde situarme en tal hipótesis
y no considerar las consecuencias.
Intento refugiarme en las películas,
pero es muy mala idea:

me siento explorador, aventurero
salvándose *in extremis* de problemas,
perdido en la frondosidad de un bosque,
herido en una guerra.

Si notas al volver mi azoramiento,
ignora mi ansiedad y mi torpeza,
y líbrame otra vez de mis fantasmas
fingiendo indiferencia.

4.

Después de tanto todo para nada.

(José Hierro)

Déjà vu

Se inicia nuestra historia compartida
con un suceso inane, pero intenso,
que puede etiquetarse, si lo pienso,
como un pistoletazo de salida.

El humo, tus amigos, la bebida,
la escasa luz del *pub*, el aire denso…;
el ritmo de la tarde era propenso
a ver alguna escena repetida.

Yo había descubierto en tu mirada
un brillo misterioso, tal vez triste,
y al punto anticipé tus movimientos.

Sentí una especie de corazonada,
y en ese instante exacto a mí volviste
tus ojos, despaciosamente lentos.

Cuerpo a cuerpo

Las décimas de fiebre y de juntura
se elevan con un aire a disyuntiva:
sudor de cuerpo a cuerpo y de saliva,
o trazas de una enfermedad sin cura.

No busco yo forzar la tesitura
ni quiero transformarla en dïatriba;
pretendo combustión a la deriva,
entrega, incendio, ardor, temperatura.

Reclamo mi ración de piel, la dosis
de amor que me fatigue y me permita
dormir después, al fin, a pierna suelta.

Ignoras siempre, en tu metamorfosis
de Dafne ocasional, que a mí me excita
sentir que tu pasión está de vuelta.

Deseo

Capítulo final de cada día,

la cama es horizonte de consuelo.

En sombras, en silencio, en paralelo,

los cuerpos se hacen mutua compañía.

Aplazas mi inocente alevosía

con signos de aprensión que cojo al vuelo.

De ensueño una hembra tú; yo un macho en celo

que aguarda a otra ocasión, quién lo diría.

En menos de un instante caes, ajena,

a salvo de incidencias y de antojos,

asidua y dulce, en brazos de Morfeo.

Después, profundo, un sur de luna llena

reposa en tu perfil, y están tus ojos

jugando en fase REM con mi deseo.

Habitación de hotel

Abajo, en el jardín que hay junto al río,
aromas de jazmín y jacaranda.
Los dos puntos de fuga en la baranda,
arriba, hombro con hombro, tuyo y mío.

Proclive a la aventura, al calofrío,
al fuego…, el corazón se me desmanda,
y el cerco que el neón de hotel agranda
aviva un nuevo incendio del estío.

Sin besos ni palabras, de la mano,
entramos al temblor del dormitorio
con prisa y nerviosismo adolescente.

El tiempo aquel no queda tan lejano;
se envuelve en la ilusión de otro envoltorio,
urgido de un amor que no es urgente.

Repasando cicatrices

Hoy voy a rebelarme. No lo impidas.
No quieras que yo diga lo que dices,
no dictes normas, reglas, directrices
que pongan coto y freno en nuestras vidas.

No vuelvas a ceder, no; no reincidas;
permíteme escribir, y no deslices
tu dedo repasando cicatrices
que sólo perpetúan las heridas.

Tomemos este atajo ahora, juntos,
dejando atrás la estela de un estigma
que carga a nuestra espalda más problemas.

No quiero más fantasmas, más trasuntos
de ti y de mí en un nuevo paradigma
que aleje tu verdad de mis poemas.

Ida y vuelta

En un mismo sofá se oficia el rito:
centímetros de margen aparente
y lupa de kilómetros que aumente
el lapso a una distancia de infinito.

Mi vista te persigue de hito en hito.
Que estés y al mismo tiempo estés ausente
es como emparejar, los dos de frente,
inercia o ambición, silencio y grito.

De vuelta al fin. De buenas a primeras
—incógnita, estupor y desconcierto—,
de nuevo en mi radar. Misión cumplida.

Sin quejas ni equipajes ni fronteras,
acéptame este abrazo de aeropuerto,
que es como una señal de bienvenida.

Sequía

En una de estas noches, cualquier día,

por orden de los astros en hilera,

mi sangre detendrá al fin su carrera,

inútil riego en tierra labrantía.

Mi pulso, un estandarte de sequía;

el fósil de una etapa duradera

que fue caudal de luz y primavera

en tiempos de abundancia todavía.

Añora mi epidermis la tormenta,

tardía tromba, chaparrón temprano,

cosquilla y percusión de un aguacero.

Muy pronto será invierno en mi osamenta,

tejido destejido en un pantano

y el alma desalmada en un estero.

Un sueño

La espuma que se arranca con la quilla
refleja las estrellas como el plagio
de un cielo que comienza en un adagio
y en réquiem finalmente trastabilla.

La historia de un naufragio se encastilla
con fuerza en mi interior, como un presagio,
un foco de infección y de contagio
dispuesto a zozobrar en pesadilla.

Con suerte, sobrevivo al oleaje,
pasadas la tormenta y la marea,
y en mí se ahoga, extenüado, un grito.

Me arrastra hasta la orilla el rebalaje
y abrigo una esperanza con la idea
de al fin poder dormir como un bendito.

Dicha por entregas

Tu rostro, ya en estado gaseoso,
se nubla en el vapor de este momento,
la dieta que improvisa su alimento
con solo ser feliz y estar ocioso.

Mi rostro, en cambio, más menesteroso,
curtido en un insomnio a fuego lento,
se arriesga a provocar un nuevo intento
de en ti buscar la luz, salir del foso.

Mis labios prestos, la fuerza en mis dientes,
al frío los expongo, y tú los tapas.
Te quiero yo alterar, tú me sosiegas.

Añades más arrugas incipientes,
más marcas que atestiguan las etapas
del ciclo de una dicha por entregas.

Ajuste de cuentas

Hay tantas ganas de decirte cosas,
fundida en un crisol la convivencia,
que un velo de aparente indiferencia
me cubre con palabras silenciosas.

Se ocultan las espinas con las rosas
y queda el juicio, a falta de sentencia,
pendiente de un registro de experiencia
que filtra las escenas más hermosas.

Con versos madurando en la memoria
me esfuerzo por consolidar mejoras,
me bato con las sílabas en duelo.

Se agota el sueño al reescribir tu historia
y ajusto cuentas a lo largo de horas
de insomnio grave y frases de consuelo.

Poesía

Por miedo a más morir, me siento vivo
con muerte ocasional, no permanente.
La vida es un fluir intermitente,
un triste ir y venir, pago y recibo;

facturas de un sentir afín o esquivo,
la trama de una historia reticente
a ser, una vez más, convaleciente,
a punto de un traspiés definitivo.

Por ella aún me aferro a la aventura
y al gesto de buscar el lado bueno
con sana vocación de resistencia.

Por ella sé que soy, con la escritura,
capaz de amar en corazón ajeno
y oír también la voz de mi conciencia.

ÍNDICE

Número 8 de la
Colección Dabisse Romero
bajo el cuidado de
Isabel Romero,
directora de la colección.
Se acabó de imprimir en Málaga,
en el mes de noviembre del año 2024,
bajo el sello editorial de **Anáfora**.